POESÍA CRISTIANA
VOLUMEN VI

Copyright © 2024 Rafael Henrique dos Santos Lima y RL Producciones literarias

Todos los derechos están reservados. Ninguna parte de ese libro puede ser reproducida en cualquier medio existente sin la autorización del autor de ese libro.

Para autorizaciones, contacte: rafael50001@hotmail.com / rafaelhsts@gmail.com

Acerca del libro

Los poemas han sido inspirados por Dios y son para mostrar su Gloria. Estos fueron escritos entre 2014 y 2015.

Son presentadas diversas temáticas, como familia, vida personal, vida cotidiana, salvación, vida eterna, narrativas de historias de la Biblia, etc.

Palabras en la cruz

Actitud

Ánimo

Aproximación

Compasión

Confiar

Confrontación

Conocimiento

Corazón

Cristo

Cuidado

Decisión

Dios

Entrega

Entusiasmo

Espíritu Santo

Fe

Felicidad

Fructificar

Jesús

Juicio

Poesía

Propósito

Protección

Reavivar

Reconocer

Renunciar

Salvador

Señor

Sensibilidad

Simplicidad

Valor

Tabla de contenidos

Refugio 17

La voz del Señor 18

La protección del Señor 20

Añadiendo dolores 21

Ayuda a los misioneros 23

Falta de Biblia 24

Iglesia lujosa 26

El destino del incrédulo 27

Palabras fuertes 29

Personas necesitadas 31

Perdón comprado 33

Jesús te llama 35

Oportunidad de perdón 36

El camino de los siervos del Señor 37

El gran juicio 39

Gran deseo en el corazón 41

Confianza en la misericordia 42

Dios trabaja para salvar 43

La necia y la sabia 45

Espera ansiosa 46

Persona poderosa 47

Cinco pilares 48

Retroceso 50

Seguir esperando 51

Hablando la verdad	53
Planta brava	54
Acontecimientos increíbles	55
Predicación a toda costa	57
El perdón	59
Algunas oraciones	60
Servicio bizarro	61
El novio rescatador y la novia infiel	62
La maravillosa gracia de Dios	64
Determinando la bendición	65
Necesitando ayuda	66
La caída del ser humano y su salvación	68
Mala interpretación	70
Iglesia nueva, errores viejos	72
Apóstoles	74
Corazón contaminado	76
Gran alegría	77
Nueva misión de la iglesia	79
Mi alegría está en el Señor	81
Una súplica a Dios	82
La aparición de Cristo	84
Poder para juzgar	85
Nuevo ánimo	86
El criminal y el desconocido	88
La venida del Buen Pastor	91

Sin valor para la sociedad 93
Algunos cuestionamientos.. 95
Presentándome ante el Señor 97
El camino hacia el avivamiento 98
Vanidad 99
Renuncias 101
La viña 102
Cambios en el Evangelio 104
Nuevas doctrinas 106
El mal camino y el perdón 108
Amados de Dios 109
Vida incierta 110
Un rebaño y los lobos 112
Los sentimientos humanos 113
Buenas críticas 114

Refugio

Hay momentos en que todo va contra nosotros,
Nos sentimos desamparados, completamente solos.
Parece que nada sucede para ayudarnos,
Solo hay luchas y batallas para cansarnos.

Podemos intentar huir hacia muchos sitios,
Pero no avanzamos en ninguno de estos caminos.
El mundo parece estar cerrándose a nuestro alrededor,
Todas las cosas intentan lanzarnos al polvo.

Pero en medio de todo esto, existe un buen lugar,
Donde ninguno de los males nos puede atacar.
Es el Trono del Señor Dios, donde me voy a refugiar,
En su divina morada, nada me alcanzará.

El Señor Dios estará todos los días conmigo,
Protegiéndome y librándome de todos los enemigos.
Bajo sus manos poderosas, guardado estaré,
Protegido, calmado y tranquilo, siempre me quedaré.

Sé que Dios, conmigo siempre estará,
En todas las situaciones siempre me ayudará.
Estando con Dios, nada es preciso temer,
Sabiendo que todo lo necesario, Él va a hacer.

La voz del Señor

Con nosotros, el Señor siempre viene a hablar,
A su dulce voz, debemos prestar atención, escuchar.
Puede ser que no venga con voz de trueno imponente,
Si no como una voz suave en el corazón, latente.

El Señor nos habla de muchas maneras,
Puede ser a solas en casa o dentro de la iglesia.
A todas las señales es preciso atentarse,
Sabiendo que Dios siempre puede hablarle.

La mejor forma para con Él se comunicar,
Es siempre ir a su Palabra para meditar.
No consultándola solo como un proverbio o refrán,
Si no analizándola como un camino cierto, un plan.

La Biblia es el modo que Dios escogió para hablar,
En una forma sublime de relacionarse y amar.
Mostrando que Él es muy misericordioso,
Para que todos sepan que es un Padre celoso.

Y un Padre celoso no deja a su hijo abandonado,
En cada situación difícil, está a su lado.
Siempre diciendo lo que el hijo necesita hacer,
Así, en cada situación, todo se va a resolver.
Y con gran fe, el hijo irá a creer.

La protección del Señor

No hay nadie en el mundo que yo deba temer,
Pues tengo al Señor Dios que me va a proteger.
A su lado, no hay nada que pueda desesperarme,
En todas las cosas, el Señor va a guardarme.

El Señor es la luz que me guía a la salvación,
Es el sentimiento de amor que está en el corazón.
Dios es el único que, para el bien, me puede guiar,
Siempre creyendo que un buen camino, Él construirá.

El Señor es mi mayor fuente de fuerza,
Me sustenta con las palabras de su boca.
En mi vida, nunca dejará nada faltar,
En todos los momentos, siempre me ayudará.

Solo en su mano poderosa voy a confiar,
Con su brazo fuerte, todo el mal destruirá.
Dios es mi mayor y más poderoso escudo,
Librándome de todas las enfermedades del mundo.

Añadiendo dolores

Algunas personas hacen cosas para condenarse,
Muchos dolores innecesarios van a añadirse.
Todo por causa de su desobediencia,
Generando en sus vidas grandes consecuencias.

Estas consecuencias siempre son desastrosas,
Haciendo que la persona tenga una vida disgustosa.
Todos estos males podrían ser evitados,
Si dioses extraños, la persona no hubiera buscado.

La persona hizo lo que es contra la voluntad del Señor,
Buscando obras malignas sin ningún valor.
Entregando a la madera y a la piedra su corazón,
Olvidándose de quién realmente es el Dios de la nación.

Para Dios, este pecado es muy condenable,
Muchos problemas vienen con este acto reprochable.
Sobre los varios problemas, el Señor avisó,
Pero el pueblo incrédulo, en nada de aquello creyó.
El gusto por sus pecados, cada uno probó.

Cada uno recibió sobre sí su condenación,
Pesadas cargas para debilitar el corazón.
En grandes desgracias, la persona podrá caer,
Si el ídolo maligno continúa a seguir.

El Señor permite esto para que cada uno aprender,
Que no hay otro Dios en quien se deba creer.
Solo al Dios Vivo es a quien debe ser seguido,
Pues solo Él es el Único bondadoso que da alivio.

Ayuda a los misioneros

Los misioneros de Dios, todos necesitan ayudar,
Son ellos los que tienen coraje de ir lejos a predicar.
Necesitan recibir varios tipos de ayuda y oración,
Para que Dios los ayude en cada tribulación.

Ser misionero genera muchas necesidades y costos,
Para suplir esto, necesitan de la ayuda de todo el mundo.
Es la ayuda continúa dada por ofrendas en dinero,
Estando suplidos, predicarán por el mundo entero.

Los misioneros también necesitan mucha oración,
Pues son muchos los males que surgen en cada nación.
Son personas intolerantes que desean matarlos,
Es preciso clamar a Dios para librarlos.

Están lejos de amigos y amados familiares,
Viven en casas improvisadas que son sus hogares.
Para esto, el cristiano necesita dar atención,
Hacen el bien, esparcir la Palabra de Dios es su misión.

Son ellos los que hacen lo que Jesús mandó,
Ir por el mundo a predicar lo que Él habló.
Están cumpliendo el mandamiento del Señor,
Y esperan de los de afuera, la ayuda como prueba de amor.

Falta de Biblia

El mundo cristiano está muy dividido,
Todas las divisiones tienen un claro motivo.
La Biblia, los fieles ya no quieren leer,
Prefieren creer en lo que se oye y se ve.

En muchas doctrinas falsas están creyendo,
No observan si con la Biblia están concordando.
Piensan que toda persona habla de parte de Dios,
Y que todo lo que dicen fue Dios quien lo dio.

Por eso el cristianismo está tan dividido,
El "practicante" nunca lee su sagrado libro.
Esta falta compromiso hace la mentira se propagar,
Y de la verdad de Dios, cada uno se va a desviar.

Los cristianos necesitan prestar atención a la teología,
Pues con ella, entenderán mejor la Biblia.
También necesitan leerla todos los días,
Y aplicarla como un manual en sus vidas.

Solo así, las personas se van a liberar,
En falsas doctrinas, ya no van a acreditar.
Solo las verdades de Dios, van a practicar,
Así, el cristianismo nuevamente se reformará.

Será una reforma parecida a la antigua,
Dejando las palabras de la gente y creyendo en la Biblia.
Al foco original, el cristianismo irá a regresar,
Las palabras de Jesús, todo el pueblo leerá.

Iglesia lujosa

Una iglesia muy lujosa se puede frecuentar,
Todos sus grandes ornamentos son de admirar.
En ella se ve que hay una gran prosperidad,
Viendo esto, es preciso tener cuidado con la vanidad.

Con el lujo de la iglesia, la persona queda muy admirada,
Piensa que allí es una casa de oración más bendecida.
La persona ve que allí hay mucho lujo y riqueza,
Y luego imagina que todo es parte de la divina realeza.

Uno tiene aquella iglesia como un estándar,
Pensando que solo en el lujo Dios va a actuar.
Hay muchas personas que piensan de esta manera,
Pensando que el actuar depende del lujo de la iglesia.

La apariencia del templo no impide a Dios de actuar,
El actuar depende más de las personas que están allá.
Dios actúa conforme está cada alma y corazón,
Pues Él no mira el templo con la humana visión.

Dios ve lo que cada uno realmente está sintiendo,
No se fija en lo que están exhibiendo.
Por eso, iglesias lujosas y frías, es posible encontrar,
Se olvidaron de a quién realmente fueron a adorar.

El destino del incrédulo

Para aquel que, de Dios, se olvida,
No habrá oportunidad el día que se despida.
Por toda la eternidad, perecerá,
Dolores terribles e inexpresables, sufrirá.

Esto parece sonar con tono amenazador,
Pero no lo es, es la verdad dicha por el Señor.
Para los incrédulos, un lugar ya fue preparado,
Un lugar donde pagarán por todos sus pecados.

¡Serán lanzados al terrible tormento eterno!
¡En las tinieblas, en la muerte, en el infierno!
De aquel lugar, nunca podrán salir ni escapar,
Por toda la eternidad su alma sufrirá.

Después de estar allí, no es posible clamar,
El Señor ya no escuchará ni librará.
Para el incrédulo, la muerte eterna es el final,
Donde por toda la eternidad sufrirá un gran mal.

En el infierno habrá llanto y crujir de dientes,
Tormentos, enfermedades, todo mal continuamente.
Todo este dolor podría haber sido evitado,
Un único acto en la vida debería ser ejecutado…

En vida, la persona debía haber creído en el Señor,
Así, se habría librado del tormento y del dolor.
Cuando muriera sería llevada al paraíso,
Viviendo en la luz, eternamente al lado de Cristo.

Palabras fuertes

Existen palabras que el cristiano no quiere oír,
Son palabras fuertes, que no siempre quiere seguir.
Un ejemplo son las palabras usadas para reprender,
Las personas oyen, pero no quieren entender.

Toda palabra que Dios habla es preciso aceptar,
Su gran y eterna verdad es necesario encarar.
En Dios, hay verdades que nadie puede cambiar.
Son las verdades dichas para confrontar.

Dios no acepta que su creación tenga pecado,
Para que todos vean, Dios muestra lo que está errado.
En este punto, entran las palabras más pesadas,
Son las palabras que hacen que la persona sea transformada.

Con su creación, el Señor, a veces, dice no,
Para que pueda aprender a depender de su mano.
El Señor también puede mandar a la persona a esperar,
Para ver si, en Él, su hijo realmente confiará.

Dios dice cuál es el camino para ser seguido,
Es el mejor camino para su amado hijo.
Este camino, el cristiano verdadero, necesita aceptar,
Pues solo a través de él se podrá salvar.

Todo lo que fue dicho por Dios es para ser aprovechado,
Los hijos de Dios deben oír y obedecer callados.
Siendo un hijo manso, humilde, amable y sumiso,
Siendo hijos obedientes tal como fue Jesucristo.

Personas necesitadas

En este mundo, las personas tienen necesidad,
Muchas necesitan oír y conocer la verdad.
Personas en gran riesgo de perderse,
El nombre de Dios, necesitan conocer.
Al conocerlo, sus errores, van a comprender.

El Espíritu Santo mostrará lo que hay de errado,
Solo Él puede mostrar cuál es el pecado.
Su acción dependerá de la disposición del corazón,
Un corazón cerrado no conocerá la salvación.

Para que muchos conozcan la gran salvación,
Los cristianos deben dedicarse a la evangelización.
Evangelizando, las personas conocen al Señor,
Los necesitados finalmente verán su amor.

Con el amor de Dios, la persona estará abierta,
Así, el Espíritu Santo actuará en la hora cierta.
El Espíritu hablará todo lo que uno necesita oír,
Cada uno sabrá el buen camino que debe seguir.

Uno más salvo por la gran misericordia de Dios,
Hubo salvación porque una actitud aconteció.
Alguien se dispuso a ir, y el evangelio, predicar,
Presentando al único Dios que puede salvar.

Perdón comprado

Algunos cristianos viven una vida desreglada,
No andan firmes con Dios ni con la Palabra.
Cada uno sigue lo que piensa ser correcto,
Practican algunos males y piensan que está cierto.

Para aliviar sus culpas van a la iglesia a ofrendar,
Creen que, con el dinero, en paz, todo va a quedar.
Piensan que el Señor no va a ver sus errores,
Actúan como si todo fuera perdonado con dinero.

Muchas veces, esta práctica es bien vista por el pastor,
Los líderes predican que este sacrificio es regenerador.
Los pastores dicen que el sacrificio puede perdonar,
Y que no importa el pecado, desde que se pueda ofrendar.

Estas personas están distantes de la voluntad del Señor,
No saben que Dios no negocia con el pecador.
Él no acepta sacrificios financieros para el perdón,
El sacrificio aceptable es el arrepentimiento en el corazón.

El Señor ama perdonar a quien se arrepiente,
Dios ama a quien dice la verdad y realmente le teme.
El mayor sacrificio por los pecados fue hecho en la cruz,
La mayor ofrenda por el pecador fue la sangre de Jesús.

Solo la sangre del Señor borra todo pecado,
Su sangre es carísima y no puede ser comprada.
El pecador solo puede arrepentirse del pecado,
Debe confesar el nombre del Señor para ser perdonado.
A los errores del pasado, la persona no podrá regresar,
Debe andar en los caminos de Dios y no más pecar.

Jesús te llama

Jesús te llama a la vida cristiana,
Un nuevo y grandioso tiempo, tú tendrás.
En la cruz, Jesús concedió la salvación,
Motivo para una gran celebración.

Vamos a las calles para anunciar y proclamar,
Después de dos mil años, el Señor nunca cambiará.
Jesús es el Señor, y su nombre es Salvador,
La eterna verdad, los cristianos proclaman con amor.

La verdad es que Jesús es el único camino a la vida eterna,
Jesús es el esposo, y los cristianos, su esposa.
Una esposa preparada para un tiempo de transformación,
Un tiempo en que Dios hace la innovación.

Dios está preparando un nuevo lugar para morar,
Todas las almas tienen un solo deseo en este lugar,
Todo el tiempo en el paraíso es dedicado a adorar,
El pueblo salvo viviendo en perpetua gloria, sin cesar.

Oportunidad de perdón

El Señor siempre da oportunidad para la salvación,
Cuando pecan, su enviado llamará su atención.
Los enviados de Dios avisan sobre la transgresión,
Dios quiere arrepentimiento y cambio en el corazón.

El Señor quiere perdonar a los arrepentidos con sinceridad,
Dios quiere recibir a los que buscan el camino de la verdad.
El Señor desea que muchos sean participantes de la salvación,
Dios está listo para olvidar los pecados de cualquier nación.

Pues para Dios no hay favoritismo de persona,
Él perdona tanto a la que fue mala, como a la que fue buena.
Delante de Dios, hasta el más perfecto es pura maldad,
Nadie conseguiría el perdón de Dios por su propia bondad.

Dios es misericordiosísimo para perdonar a los hijos amados,
Aunque no sean merecedores, el Señor olvida los pecados.
Él trae vida nueva donde reinaba la muerte y la perdición,
Dios concede a sus hijos la grandísima gracia del perdón.

Después de perdonar, el Señor quiere que sus hijos no pequen más,
Él les dio a todos una vida nueva para no volver atrás.
El Señor espera tener con sus hijos una gran amistad,
Siendo mejores amigos para que juntos moren en la eternidad.

El camino de los siervos del Señor

Aquel que sirve al Señor tiene que guardarse,
Para los deseos mundanos no puede entregarse.
Durante su camino, propuestas nuevas va a oír,
En este momento, debe ser fuerte y resistir.
Solo los caminos del Señor, la persona debe seguir.

El camino del Señor es una vida de purificación,
Dios desea que la persona guarde su corazón.
El Señor sueña con una vida próspera y bendecida,
Para que esto suceda, la persona debe mantenerse enfocada.

La distancia del pecado no es fácil de alcanzar,
Siempre surgen personas que incentivan a pecar.
Muchos dirán que cosas nuevas se debe experimentar,
Pero algunas novedades los llevarán a pecar,
La novedad puede hacer la persona se desviar.

El desvío del camino significará un retraso en su vida,
El futuro maravilloso se convertirá en una memoria perdida.
La persona vivía en la luz y ahora vive triste y sombría,
Solo el Señor podrá salvar esta alma perdida.

La salvación del Señor dependerá de su arrepentimiento,
La persona debe arrepentirse para ser liberada del sufrimiento.
Viendo el arrepentimiento de su hijo, el Señor lo perdonará,
Y nuevamente, un buen futuro podrá imaginar,
Para que el futuro suceda, la persona no se debe desviar.

El gran juicio

Un día, todas las personas estarán ante el tribunal,
Cada uno será juzgado por lo que hizo, sea bueno o sea mal.
En este tribunal la persona no podrá se defender,
Todos los argumentos, el Gran Juez sabrá responder.
El Juez analizará las vidas y dirá lo que va a suceder.

Esa decisión será una sentencia firme, fija y definitiva,
Será una decisión que seguirá a la persona por toda la vida.
Las palabras que el Juez diga, no podrán volver atrás,
La sentencia llevará a la persona al tormento o a la gran paz.
El tormento será terrible y la persona se quedará junto a Satanás.

Los condenados serán lanzados al más profundo abismo,
En este lugar serán lanzados todos los que no aceptaron a Cristo.
Serán las almas que nunca aceptaron la palabra del Señor,
Personas que nunca quisieron aceptar a Jesús como Salvador.

La paz será la realización de la promesa que hace tiempo fue dicha,
La promesa de vivir para siempre como está en la Biblia.
Los escogidos serán salvos por el Gran Juez, el Señor,
Vivirán en la paz eterna de Jesús, disfrutando de su amor.
En el paraíso van a morar, dedicando todo el tiempo a la alabanza del Señor.

El destino de cada uno dependerá de cómo sigue su vida,
Es el caminar que lleva a la persona al paraíso o a la agonía.
Para ir al paraíso es preciso ser elegido por el Señor,
Después de ser elegido, aceptar a Jesús como único Salvador.

Después de aceptar, es preciso trabajar en la obra del Señor,
Trabajando, cada obra será probada por el Gran Legislador.
Las buenas obras serán aprobadas y la persona será salva,
Las malas obras serán reprobadas y la persona será condenada.

Gran deseo en el corazón

Señor, no quiero buscarte solo por tu poder,
No quiero buscarte solo por lo que puedes ofrecer.
No quiero ser como los adoradores de los dioses paganos,
No quiero ser como aquellos que solo buscan su bendición.
Quiero buscarte con todas las fuerzas de mi corazón.

Señor Dios, quiero ser un adorador de forma integral,
Quiero ser una persona que siempre te busca y se aparta del mal.
En todos tus caminos y bajo tu voluntad quiero andar,
Todas las cosas que planeaste en mi vida quiero realizar.

En todas tus promesas hay gran certeza para acreditar.
Tu Palabra me da la base para en ti, ciegamente, confiar,
Entiendo que tu plan es mayor de lo que puedo imaginar,
Mi corazón arde en deseos para su voluntad se realizar.

Tu voluntad soberana es mi entrega a tu querer,
Deseo y voy a entregarme para que actúes con tu poder.
Tengo plena certeza de que tu acción es lo mejor para mí,
Me esforzaré y me dedicaré para tu camino siempre seguir.

Confianza en la misericordia

Un leproso estaba desesperado y buscó al Señor,
Delante de Cristo, el hombre muy triste se postró.
En una cura venida de Jesús, aquel hombre confió.
Un único pedido a Jesucristo, él direccionó.

Él dijo: «Señor, si quieres, me puedes limpiar,»
El leproso no dijo nada más y continuó a adorar.
Viendo su sinceridad, Jesús tuvo gran compasión,
El Señor vio la fe y la dependencia en su corazón.

Con una palabra de cura, el Señor Jesús respondió:
«Quiero, sé limpio.» Él fue purificado y la lepra desapareció.
El que estaba enfermo y sucio, por el Señor, fue purificado,
Todo el pecado y culpa que tenía, por Jesús, fue perdonado.

Para aquel nuevo hombre, Jesús le dio una orientación:
«No le cuentes a nadie sobre el milagro de la purificación.
Ve al sacerdote y muestra el milagro que te ha sucedido,
Y entrega también la ofrenda que, en la ley, Moisés ha escrito.»

El curado no se contuvo y el gran milagro propagó,
Por toda aquella tierra, su testimonio, él declaró.
Estaba tan contento que, a todos, quería anunciar,
La salvación que vino de Jesús, a todos quería contar.

Dios trabaja para salvar

El Señor hace todo para el pueblo cambiar,
Envía varios profetas para su verdad proclamar.
Dios muestra señales y maravillas para el pueblo creer,
Dios hace todo eso para el pueblo ver y arrepentirse.

El Señor quiere que sus hijos regresen a su camino,
Dios es misericordioso y no desean que anden solos.
Él sabe qué solos no tendrán oportunidad de salvarse,
Y hace todo para que puedan comprender y cambiar.

Mismo con tan gran amor, muchos continúan perdidos,
Unos ya oyeron, pero piensan que ese amor no es verídico.
Piensan que el gran amor de Dios es más una invención,
Creen que no hay Dios ni ninguna compasión.

Con este pensamiento, sigue practicando grandes pecados,
Piensan que por sus abominaciones van a ser recompensados.
Eles tienen una creencia fuerte de que nunca habrá una condenación,
Y convencen otros a creer que Dios es una ilusión.

Ese comportamiento contra Dios ya ha sido visto en el pasado,
El pueblo de Israel no creyó y no se arrepintió del pecado.
Por mucho tiempo, el Señor detuvo su ira y su mano,
Él siempre dio más una oportunidad aquella nación.

Mismo el Señor siendo piadoso y no deseando castigar,

Ellos no lo oyeron, y su ira, Él empezó a descargar.

Mucha gente moría por la espada, por la peste y por el hambre,

El Señor mostró que se debe confiar en Él y no en el hombre.

La necia y la sabia

La mujer sabia hace cosas para su casa edificar,
La que es necia, con sus manos, puede todo derrumbar.
La sabia anda con amor y respeto, en el camino de la razón,
La necia solo hace obras malas y el odio habita en su corazón.

Una mujer sabia se comporta bien en la sociedad,
Sus caminos están firmes en la Palabra de la Verdad.
La palabra del Señor es su fuente de vida e inspiración,
En toda dificultad que surge, busca en Dios la dirección.

Mientras que la necia no hace nada bueno en su vida,
Es tan irrespetuosa que deshonra hasta a su familia.
La necia no tiene vergüenza de cometer grandes pecados,
Con su boca esparce la maldad por todos lados.

La mujer sabia se guarda del camino de la perversidad,
Ella esperará la bendición de Dios y vive en la bondad.
Su boca está guardada del chisme y de la murmuración,
Ella abre su boca para bendecir y darle a Dios su adoración.

La mujer necia no percibe el camino que está siguiendo,
No sabe lo cuánto de su propia vida está destruyendo.
Ella sigue el consejo de aquellos que desean ver su ruina,
No logrará subsistir y caerá en el polvo de la tierra.

Espera ansiosa

Muchos esperan ansiosamente conocerte,
Ellos esperan el gran día, lo cual podrán verte.
Están deseosos por el momento que te podrán contemplar,
Todos están esperando a alguien para su nombre proclamar.

Aquellos que tanto esperan, son los que están perdidos,
Sus almas tienen un fuerte deseo por el amor de Cristo.
Sus almas quedan sedientas, deseando alabar y adorar,
Pero para hacerlo, precisan de alguien para predicar.

Ellos necesitan a alguien para presentar el evangelio,
Alguien comprometido que tome la Palabra de Dios en serio.
Una persona que habla solamente las palabras del Señor,
Uno que ha sido separado por Dios para ser un evangelizador.

Todos los que han sido bautizados ya son buenos evangelizadores,
Ellos necesitan hacer su papel en el evangelio, siendo predicadores.
Por todos los lugares, ellos deben anunciar el mensaje del Señor,
Dando a los perdidos la oportunidad de encontrar su Salvador.

Cuando todos conocieran el Salvador, nova gente, ellos serán,
Habrá un profundo deseo de evangelizar en cada corazón.
Este deseo hace que el nuevo convertido salga para predicar,
Sobre el amor de Jesucristo, para todos, él desea esparcir y hablar.

Persona poderosa

Una vida bien tranquila, la persona puede tener,
Puede ser una persona que tiene gran poder.
Todas las riquezas terrenales, puede poseer,
Para ella no hay nada difícil de obtener.

Todo lo que necesita recibe prontamente en su mano,
Ella consigue realizar todos los deseos del corazón.
No hay nada que pueda impedir su crecimiento,
No hay nadie que pare su desarrollo, es un hecho.

Un día su gran poder será probado,
Ante el destino final, será analizado.
Todo el poder no pasó por la gran prueba final,
Lo que era todopoderoso se convirtió en simple mortal.

Tras la muerte, la persona percibe que no tiene poder,
Ella finalmente entiende que nada más puede hacer.
Todo lo que ella juntó en la Tierra no servirá para nada.
Pues solo hay un poder que realmente puede salvarla.

El poder verdadero y salvador es el Señor,
Dios es el único que puede librarlo de todo dolor.
El único que resistirá a todo tipo de probación,
Pues todo el poder del universo está en sus manos.

Cinco pilares

Existen cinco pilares en que el cristiano debe apoyarse,
Son cinco afirmaciones que ayudan al creyente a afirmarse.
Las afirmaciones son consideradas principios fundamentales,
Son afirmaciones que llevan al cristiano para más cerca del Padre.

La primera es *Sola Fide*, solo la fe en Dios puede justificar,
Tener muchas obras y no tener fe, para nada servirá.
Es preciso siempre tener una fe inquebrantable en la palabra del Señor,
Es preciso tener la plena confianza de que Jesús es el Salvador.

La segunda, *Solus Christus*, solo Cristo puede salvar,
Entre el ser humano y Dios, solo Jesús puede abogar.
No existe otro camino para llegar al Señor,
Jesús es y siempre será el verdadero y definitivo mediador.

La tercera, *Sola Gratia*, solamente la gracia puede salvar,
La gracia es el favor inmerecido que viene de Dios para agraciar.
La gracia es un don que viene de Dios y nadie puede merecer,
Es dada al ser humano debido a su gran amor y poder.

La cuarta, *Sola Scriptura*, solo la Escritura es la fuente divina,
Solo en la Palabra de Dios está lo que es necesario para la vida.
La Escritura es divinamente inspirada y está lista para ser predicada,
En cada una de sus páginas, la gloria de Dios es mostrada.

La quinta, *Soli Deo Gloria*, la gloria pertenece solo a Dios.
Solo el santo nombre del Señor, todos deben glorificar.
El Señor es el único Dios Vivo que todos deben adorar.
Nadie es merecedor de alguna honra o adoración,
Solo el Señor debe ser honrado por obrar la salvación.

Si todos reflexionan en estos cinco puntos, tendrán una nueva visión,
Verán con mayor claridad al Señor Jesús y la salvación.
Las personas verán que solo Dios tiene poder para salvar,
Y solo la Palabra del Señor, para siempre, permanecerá.

Retroceso

Algunas iglesias actuales están viviendo un retroceso,
Muchas se vuelven a las antiguas costumbres del judaísmo.
Agregan prácticas judaicas a la enseñanza del cristianismo.
Están andando de forma contraria a lo que Jesús enseñó,
No viven conforme al nuevo pacto que Cristo proclamó.

Muchos de ellos se vuelven a la adoración del arca del pacto,
Piensan que, venerándola, su oración tendrá más efecto.
Otros símbolos también fueron insertados en medio del altar,
Son objetos místicos que el "cristiano" debe usar y admirar.
En muchas iglesias cristianas es posible encontrar hasta el shofar.

Las iglesias que tienen esas prácticas están muy atrasadas,
Se quedaron en el tiempo de la Ley y siguen aquellas palabras.
Parece que aún no han oído el Evangelio del Señor,
No conocen el evangelio de Cristo, que es liberador.
El Evangelio de Cristo fue contra el tradicionalismo opresor.

Cristo vino a la Tierra para hacer un nuevo pacto con el pueblo,
Para todos los que creen en él, Jesús mostró su renuevo.
Jesús mostró que amar a Dios es más que una tradición,
Amar al Señor es algo que va del espíritu al corazón.

Seguir esperando

Por más difícil que sea, no voy a desistir,
Aun siendo todo desalentador, voy a seguir.
Aunque parezca que todo se va a derrumbar,
Me quedaré tranquilo, pues sé en quién me afirmar.

Yo me afirmaré en aquel que es la Roca eterna,
Estaré apoyado en aquel en quien la ayuda es cierta.
Entregaré todos mis caminos al Señor,
Confiaré en él, pues sé que es mi Salvador.

Desde su alto trono, el Señor me socorrerá,
En el momento oportuno, su providencia aparecerá.
Si aún no ha llegado, solo me resta esperar,
Sé que Dios actúa en la hora cierta, voy a confiar.

Esperé y parece que Dios no va a aparecer,
Empiezo a preguntarme: «¿Será que voy a perecer?»
Antes de pensar, ya viene la respuesta del Señor:
"No desistas de luchar, espera mi favor."

¡En mí, un nuevo aliento alentador fue insertado!
¡Continuaré esperando, el Padre no abandona al hijo!
Si parece que Dios no viene para ayudar,
Es porque aún no es el tiempo que me librará.

En su tiempo, el Señor vendrá en mi lucha,
Su mano poderosa será mi gran ayuda.
Siendo sustentado por Dios, todo mal voy a vencer,
Sé que donde Dios está, no hay cómo perecer.

Hablando la verdad

No soy, ni pretendo ser, el dueño de la verdad,
Solo quiero que las personas vean la realidad.
Quiero que vean al Dios que pude conocer,
Un Dios que es mucho más que bendición y poder.

Quiero que todos vean cuánto Dios es amoroso,
Quiero que todos vean su amor por su pueblo.
Que todos vean lo que el Señor hizo por amor,
Que todos entiendan que Él mismo se sacrificó.

El Señor se dio a sí mismo para salvarnos,
Jesucristo bajó del trono para venir a enseñarnos.
Él vino como simple hombre común y mortal,
Se aniquiló a sí mismo para librarnos del mal.

Para salvarnos, Jesús entregó todo lo que tenía,
Nuestro Salvador entregó su propia vida.
Él murió clamando por el perdón de los asesinos,
Mostrando cuánto Dios ama a sus hijos.

Este es el mensaje de amor que quiero sembrar,
Para que las personas vean lo que realmente es adorar.
Para que vean que adorar es más agradecer que pedir,
Y que no vean a Dios como la fuente para todo conseguir.

Planta brava

Antes de conocerte, yo era como una planta brava,
Por mi propio camino, crecía y caminaba.
En ese tiempo no había nadie para me cultivar,
Sin apoyo, mi crecimiento siempre fue irregular.

Yo crecía, pero cualquier viento me amenazaba,
Era grande, pero esa grandeza no valía nada.
Era un árbol que no produjo nada provechoso,
Parecía ser un árbol de pantano, lleno de lodo.

Un día, el Señor miró y vio mi aflicción,
Dios se interesó por mí y quiso mi salvación.
Todas las ramas inútiles, el Señor cortó,
Dios me sacó del pantano y en un jardín me plantó.

En su Santo Jardín, Dios comenzó a cultivarme,
Todos los días, Él venía para regar y alimentarme.
El Señor me dio un agua para seguir viviendo,
Dios me dio el agua de la vida, así, nunca moriré.

Desde entonces, estoy plantado junto al Señor,
Agradezco siempre por ser Él mi Salvador.
En su buen Jardín, muchos frutos quiero producir,
Produciré toda la cantidad que el Señor permitir.

Acontecimientos increíbles

Vemos noticias que no parecen verdad,
Son tan crueles que generan repulsión por la "humanidad".
Vemos cuánto la violencia está descontrolada,
Hay agresiones y muertes por casi nada.

Los humanos vuelven a la forma primitiva y animal,
El Homo sapiens no piensa y no es racional.
Cada persona solo se preocupa por su propia vida,
Muchos ignoran incluso a su propia familia.

Solo piensan en lo que podrán conquistar,
Nadie se preocupa por cómo el hambriento se alimentará.
Por más aterrador que todo pueda ser,
Para los conocedores de la Verdad, no hay que temer.
Hace mucho tiempo ya estaba escrito lo que iba a suceder.

La Verdad está descrita en la Biblia, la Palabra del Señor,
Todos los males de hoy, el apóstol Juan anunció.
Las maldades del presente fueron demostradas,
Actualmente, vemos el cumplimiento de la Palabra.
Quien no quiere, no cree en las Escrituras Sagradas.

El cumplimiento del Apocalipsis indica la transformación,

Jesús volverá para buscar a los suyos en cada nación.

Quien se quede vivirá terriblemente, un tiempo de aflicción.

En este tiempo, el nombre del Señor, recordarán,

Levantarán los brazos y comenzarán a clamar,

El arrepentimiento tardío ya no servirá...

Predicación a toda costa

Infelizmente, la mayoría de las iglesias creó un nuevo "dios",
Él es una mezcla de los dioses paganos con el Dios de los judíos.
Es un dios nuevo, moderno, diferente, un dios gratificador,
Un dios que obedece las palabras que la persona habló.

Para los seguidores de ese dios, la salvación queda en último lugar,
En la vida de los fieles, la única preocupación es lucrar y ganar.
Dentro de sus iglesias no se habla palabras como: amar y ayudar,
La única cosa que enseñan es que el creyente debe prosperar.

Ellos están cerca de Dios con sus labios, pero lo niegan en el corazón,
Todos ellos ya se olvidaron del sacrificio de Cristo para la salvación.
Algunos de ellos están prácticamente vendiendo la Gracia del Señor,
Extorsionan a los fieles diciendo que el paraíso es para quién pagó.

Y cuando una persona habla contra, es considerado un apóstata,
Aquellos que defienden la Palabra de Dios no son considerados.
Nadie puede levantarse y hablar contra el "ungido" del Señor,
Aun dicen que si el líder está allá, ha sido Dios quien lo puso.
Y que solamente el Señor tiene el derecho de juzgar y condenar.

¡Señor Dios! Siguiendo así, ¿adónde vamos a parar?
Son tantas mentiras que los incrédulos no quieren acreditar.
Los falsos maestros están llevando la gente a la perdición,
Señor, levanta gente verdadera, gente según su corazón.
Gente que solo habla las palabras dichas y enseñadas por el Señor,
Gente llena del Espíritu Santo para testificar la venida del Salvador.

El perdón

Señor Dios, somos pecadores. Perdona nuestra culpa,
Cuando estemos en aprietos, ayúdanos en nuestra lucha.
Señor, no nos abandones en las probaciones,
Somos fallos, pero hay bondad en nuestros corazones.

Somos humanos, pobres y débiles por naturaleza,
Son muchos los pecados: ira, envidia, soberbia, avaricia.
Siempre tenemos muchos motivos para reclamar.
Perdónanos, Señor, y ayúdanos a mejorar.
Solo tu perdón podrá nos salvar.

Al ser perdonados, el Señor quita la culpa del pecado,
El Señor nos alivia de un yugo pesado.
Una vida nueva en Cristo está a punto de comenzar,
El Espíritu Santo muestra que debemos cambiar.
Cambiar verdaderamente para no volver a pecar.

El perdón de Dios es valioso y no se puede jugar,
No sirve de nada ser perdonado y al mismo error regresar.
Al ser perdonados, esta dádiva, debemos honrar,
La obediencia a Dios, debemos buscar.

Algunas oraciones

Muchos "cristianos" oran por trivialidades,
Se preocupan por muchas futilidades.
Oran para que Dios los ayude a adelgazar,
Hacen campaña para su equipo de fútbol ganar.
Se olvidaron de los motivos nobles para orar,
Oran a Dios cuando algo desean conquistar.

No se acuerdan de orar por el pueblo necesitado,
No se acuerdan de orar por la liberación del pecado.
No oran por aquella persona que no tiene nada,
Solo oran para que su vida sea muy abastada.

Los "cristianos" están lejos de lo que Jesús enseñó,
A todos los necesitados, el Señor mucho amó.
Por muchas vidas, el Señor batalló.
Con las cuestiones inútiles, Jesús no se preocupó.

El verdadero pensamiento cristiano necesita regresar,
Todos deben volver a lo que es digno de orar.
En las oraciones, de todas las personas es preciso acordarse,
Al escuchar una oración sincera, Dios se agradará.

Servicio bizarro

Hay muchas iglesias que tienen un servicio bizarro,
Un servicio confuso con la gente cayendo por todos lados.
Parece no haber ninguna orden ni decencia,
La gente grita y berrea sin ninguna reverencia.

Los pastores dicen que todo es parte del "sobrenatural",
La iglesia no sigue la Palabra de Dios, sigue el emocional.
Para ellos, lo importante es ver a toda la gente caída,
Esta es la señal que la unción está siendo recibida.

La única cosa que esa "unción" hace es mostrar el ridículo,
La gente queda en un trance, un acto que no es bíblico.
Otros caen y empiezan a gritar, berrear y patear,
Viendo eso, muchos van a cuestionar: ¿Dios está en este lugar?

Según la Palabra del Señor, Él no está en la confusión,
El Señor habita en cada uno, en el culto racional de adoración.
El culto agradable al Señor es el que ocurre con mansedumbre,
Donde el Espíritu Santo vendrá calmadamente hablar en cada corazón.

El Espíritu Santo hablará lo que cada persona debe oír,
Con su mansa y suave voz, él ayudará el cansado a proseguir.
Con esa orden y decencia, el corazón del Señor se va a agradar,
Adorándolo decentemente, su presencia permanecerá.

El novio rescatador y la novia infiel

Había una mujer que, por toda la Tierra, andaba,
Para los demás, no tenía valor, era considerada nada.
Ninguno de los hombres quería tomarla por esposa,
Andaba desnuda, no había quien le pusiera ropa.

El novio tomó a la esposa del medio de la perdición,
La retiró de aquello que sería su destrucción.
Él la consideró como la mujer de su vida,
La limpió, le dio nuevas ropas y curó sus heridas.

El novio le enseñó el camino que ella debería andar,
Le mostró que con los demás no se debería mezclar.
Aquel novio hizo un pacto y juró amor eterno,
Tenerla siempre cerca era único deseo.

El tiempo pasó y la mujer fue seducida,
Volvió atrás, al camino que destruye su vida.
Su novio envió personas para advertirla,
Diciéndole a la novia que a su novio debería regresar.

La novia se comportó rebeldemente y fue ingrata,
Cerró su corazón e ignoró aquellas palabras.
Se fue a prostituir con sus antiguos amores,
Volvió rápidamente a los errores anteriores.

El novio es el Señor Dios y la novia infiel es el pueblo,
Él limpia al pecador y le da un corazón nuevo.
Dios hace todo para que sus amados sigan la rectitud,
Pero, lamentablemente, el pueblo se inclina a la ingratitud.

Muchos hacen peor que en su estado anterior,
Siguen el mal, hacen lo que desagrada al Señor.
Los enviados de Dios los llaman al arrepentimiento,
Dios quiere salvar a su novia de todo tormento.

La maravillosa gracia de Dios

El Señor mira a los humanos y a toda la creación,
A algunos de ellos, Dios los elige para la salvación.
No elige porque uno sea mejor que el otro,
Dios no juzga con parcialidad como el pueblo.

La elección del Señor se basa en su gracia,
Para ganarla, el ser humano no puede hacer nada.
Sus obras no llevan al ser humano a la salvación,
Todo depende de Dios y de su bendición.

Es la gracia de Dios la que hace al pecador se levantar,
La misericordia del Señor no lo deja expirar.
Sin la gracia de Dios, todos morirían eternamente,
Sin Dios, todos actúan pecaminosamente.

Cuando Dios muestra su misericordia al pecador,
Este se da cuenta de que no es nada sin el Señor.
La Palabra del Señor, la persona comienza a obedecer,
Servir a su Salvador es un gran placer.

Determinando la bendición

En Dios, muchos "creyentes" quieren mandar,
Creen que Dios hará todo lo que cada uno proclamar.
Sus palabras están por encima de la voluntad de Dios,
Predican verdades que Él no escribió.

Predican que el poder está en su hablar,
Para que tu vida cambie es solo pensar y decretar.
Creen que las bendiciones vienen por orden y decreto,
Y para ser bendecido es preciso hacer "gestos".

En la predicación, algunos "agarran" la bendición en el aire,
Oyen una promesa y levantan la mano para reivindicar.
La palabra del hombre es la clave para todo suceder,
La voluntad de Dios es subyugada, el ser humano tiene el poder.

Esta doctrina es una herejía y una moda,
No hay nada parecido en toda la Palabra.
Todos los siervos oraron y confiaron en el Señor,
No exigían nada, pues nadie es merecedor.

Todos son pecadores e injustos delante de Dios,
Toda bendición recibida es el Señor quien la concedió.
Las conquistas de cada uno no tienen relación con declarar,
Cada uno recibe aquello que Dios decide enviar.

Necesitando ayuda

Hay muchas personas necesitando ayuda,
Personas que pasan por grandes luchas.
Luchas internas que hacen a la persona desanimarse,
Conflictos que hacen a la persona desvalorizarse.

La persona no consigue levantarse,
La dificultad llega y ella quiere entregarse.
Todo lo que surge en su vida, lo quiere aceptar.
Llegan propuestas que prometen mejorar.
La persona está débil y cualquier cosa va a aceptar.

En esa hora, la persona puede entrar en perdición,
En esa fase surgen: el alcohol, las drogas y la prostitución.
La persona se entrega a una vida desenfrenada,
En ese camino doloroso, pronto estará acabada.

Este es el momento para que el verdadero cristiano aparecer,
Una palabra de vida, el cristiano verdadero va a ofrecer.
Una vida nueva con Dios, presentará,
Un mundo nuevo y lleno de posibilidades, mostrará,
Le mostró al perdido la oportunidad de se salvar.

Para que el cambio comience, la persona necesita aceptar,
En los brazos amorosos de Jesús, se debe lanzar.
Con la entrega al Señor, su vida se transformará,
Donde había solo tristezas, la alegría reinará.
Tras el cambio, un nuevo tiempo de vida se iniciará.

La caída del ser humano y su salvación

El primer hombre fue creado según la divina perfección,
Dios lo hizo puro y limpio para morar en su habitación.
Luego Dios vio que el hombre estaba en gran soledad,
Dios hizo a la compañera perfecta para calentar su corazón.

Ellos siempre estaban en la presencia del Señor,
Para todas las necesidades, Dios era el proveedor.
No había nada más que pudieran querer o desear,
La grandeza de Dios estaba plena en todo aquel lugar.

El más astuto de los animales, la serpiente, habló con la mujer,
Dijo palabras dulces y agradables, y ella tuvo fe.
La mujer comió el fruto y le dio al hombre para comer,
Ambos percibieron que estaban desnudos y fueron a esconderse.

Este pecado tornó al ser humano corrupto e impuro,
A partir de ese momento, todos serían inmundos.
Todos los humanos estaban distantes del Señor,
El pecado del ser humano lo separa del Creador.

Para la reconciliación fue necesario un gran sacrificio,
Dios castigó el pecado en su Único Hijo.
Jesús llevó sobre sí los pecados de toda la humanidad,
Este gesto de amor dio a todos una nueva oportunidad.

A partir del sacrificio de Jesús, los pecadores fueron justificados,
La sangre de la cruz limpia y borra todos los pecados.
Por la gracia de Dios, los humanos se libraron de la condenación,
Por el gran amor del Padre, eternamente, los escogidos vivirán.

Mala interpretación

La mala interpretación de la Biblia causa problemas a la iglesia,
Las personas dejan la Palabra original y perfecta.
La mala interpretación lleva a las personas a las herejías,
Alguien lee, no entiende y forma una nueva doctrina.

Las nuevas doctrinas se hacen para recibir aprobación,
Es la Palabra del Señor usada para el engaño y la distracción.
Muchas fábulas son añadidas para el "fiel" acreditar,
Nuevos y poderosos demonios son creados para amedrentar.

Demonios relacionados especialmente con lo financiero,
Quien no ofrenda, el devorador consumirá su dinero.
El que no tiene conocimiento cree en esto como verdad,
Entrega hasta lo que no tiene para huir de esa realidad.

El fiel no se da cuenta de que está preso al evangelio apresador,
No conoce verdaderamente la grandeza del Señor.
Porque su pastor no enseña todo lo que Jesús predicó,
A todos se les enseña a tener miedo de Dios en lugar de temor.
Los fieles no oyen hablar de la gracia de Dios y de su amor.

Prácticamente no enseñan el significado del sacrificio en la cruz,
No explican el grandísimo valor de la sangre de Jesús.
No muestran cuán grandiosa y hermosa es la gracia del Señor,
Solo enseñan que la venganza y maldición viene de Dios.

El único valor que enseñan es el valor que cada uno debe dar,
Muestran la ofrenda financiera como método para se salvar.
Todos carecen de la Palabra verdadera para se liberar,
Necesitan leer la Biblia, así, con Dios se van a relacionar.

Iglesia nueva, errores viejos

Algunas iglesias viven los mismos errores del pasado,
Templos construidos para Dios, pero predican el pecado.
Las iglesias aceptan todo para que su culto sea más atractivo,
Las innovaciones van desde nuevos mensajes hasta un nuevo Jesucristo.

Dentro de la nueva iglesia hay disputa en el altar,
Los hermanos compiten para alabar y predicar.
La iglesia está atenta y evalúa quién va a ganar,
Todos esperan el momento de "clamar" y "alabar".
Dios está allí, independientemente de lo que está en su altar.

Hay también iglesias que son usadas como cine,
Asisten a cualquier película y no hay problema.
El entretenimiento en la iglesia es considerado normal,
Los "fieles" se divierten y, en eso, no hay nada de mal.

Donde la situación está más crítica, hay sincretismo,
Los líderes traen otras religiones al cristianismo.
Hay muchos rituales y la venta de muchos amuletos,
Para vencer cada situación, hay un secreto.
Puede ser un objeto para tu vida mejorar,
O una cara unción para toda lucha terminar.

Las iglesias así están muy lejos del Señor,
Todos se olvidaron de todo lo que Jesús predicó.
Se olvidaron de que Dios es el centro de la adoración,
Se olvidaron de que el Señor es el centro de cada corazón.
Se olvidaron de lo que significa ser fiel al Evangelio,
Se olvidaron del sacrificio de Cristo y fueron al sacrilegio.

Apóstoles

Jesús escogió a doce hombres para predicar,
Eran los escogidos para su palabra anunciar.
El bautismo del arrepentimiento, debían predicar,
Y la venida del Mesías y su Reino, proclamar.
Las ovejas perdidas de Israel, irían a buscar.

Jesús indicó el camino que ellos deberían seguir,
Cristo dijo que no deberían juntar nada para sí.
Ni oro, ni plata o riqueza, debían llevar,
Solo los dones que les fueron dados, iban a cargar.
Por donde fueran, irían a predicar, curar y demonios expulsar.

Este es el trabajo de un verdadero apóstol del Señor,
Ser un siervo humilde y hacer todo lo que el Maestro mandó.
Yendo a todos los lugares y predicando fielmente la verdad,
Practicando el principio del compromiso y de la lealtad.

Ese tipo de apóstol se extinguió hace dos mil años atrás,
Hoy en día, los nuevos "apóstoles" no siguen al Padre.
Cada uno de ellos busca solo su gloria personal,
Están hablando de Dios, pero en el corazón reside el mal.

Piensan en juntar toda la riqueza que sea posible,
Con relación a los demás líderes, dicen que están en otro nivel.
Son tan poderosos que no dan satisfacción,
Piensan que están por encima de las leyes de Dios y de la nación.

Su palabra y voluntad, nadie puede cuestionar,
Porque al "ungido del Señor" no se puede tocar.
Se dicen ungidos de Dios para proclamar la salvación,
Pero, en verdad, son los primeros que necesitan cura y liberación.

Corazón contaminado

A menudo, vemos a alguien perdido y queremos juzgar,
No extendemos nuestra mano para ayudar.
Nuestro corazón quiere mostrar superioridad,
Pensamos estar libres de culpa y responsabilidad.

¡Somos hipócritas! No hacemos diferencia en la sociedad,
Afirmamos que ya estamos salvos y somos dueños de la verdad.
Nuestros corazones están tomados por la arrogancia y el egoísmo,
Decimos que somos hijos de Dios, pero no somos como Cristo.

Dejamos que el orgullo, la prepotencia y la presunción nos dominar,
Andamos por el mundo, pero no tenemos el coraje de evangelizar.
Preferimos dejar que los perdidos mueran y después lamentarlos,
Lloramos a los muertos, pero a los vivos, no fuimos a ayudarlos.

Todos los días muchos son lanzados al infierno,
Debido a nuestra omisión, muchos van al tormento eterno.
Son personas como tú y yo, que podrían tener la oportunidad de salvación,
Pero debido a nuestra negligencia, estarán siempre en la condenación.

El corazón de muchos cristianos debe ser arrancado,
Es preciso insertar uno nuevo, renovado y transformado.
Un corazón que dé la propia vida para salvar a un perdido,
Un corazón que vea el interior, un corazón piadoso como el de Cristo.

Gran alegría

Hay una felicidad en la vida que no se puede comparar,
Es una alegría inmensa que jamás se podría comprar.
Es la alegría de poder adorar y servir a Dios, el Señor.
Es un inmenso placer saber que Dios es nuestro Salvador.
Es una felicidad gigantesca saber que lo tenemos como protector.

La felicidad es tanta que tengo que hacer algo para la expresar,
Es por eso que escribo, para este bien testificar.
Mi testimonio de Dios es verdadero, sincero, real y fiel,
Escribo para contar la gran alegría de servir al Dios de los Cielos.

No hay otra alegría mayor que estar sirviendo al Señor,
No hay satisfacción mayor que estar junto al Redentor.
Todos los días de mi vida, sus bendiciones voy a anunciar,
Para que muchos vean su misericordia y puedan despertar.
Las personas verán mi alegría y a Dios comenzarán a buscar.

Todos buscarán al Señor para también tener la gran alegría,
Ellos percibirán que es maravilloso tener a Dios en sus vidas.
Comprenderán que el camino de Dios es el mejor para andar,
Siguiéndolo, en todos sus días habrá motivos para se alegrar.

Todos nosotros, los fieles, siempre vamos a adorar,
La gran felicidad de servir a Dios, siempre vamos a declarar.
Viendo nuestra adoración, más personas se entregarán al Señor,
Más personas aceptarán a Dios como su único y suficiente Salvador.

Nueva misión de la iglesia

La iglesia brasileña está huyendo de su misión,
Los líderes insertan todo en su denominación.
Las personas siguen, creyendo que es la divina voluntad,
Pero no saben que están lejos de la verdad.

Algunas iglesias no salen a las calles para evangelizar,
Viven haciendo eventos con el pretexto de predicar.
Son eventos basados en muchas costumbres paganas,
Están transformando la casa de Dios en una iglesia mundana.

Las personas hacen fiestas paganas en la casa del Señor,
Cantan canciones "extrañas" y dicen adorar a Dios.
Las personas son atraídas, pues quieren diversión,
Muchos van a la casa de Dios sin reverencia ni adoración.

Cuando un adorador verdadero se levanta para reclamar,
Todos dicen que, fuera de la "visión" de los líderes, él está.
Nadie le da atención a su cuestionamiento ni a su reclamación,
Prefieren tratarlo como diferente, alguien en rebelión.

El que es juzgado como rebelde, orará mucho al Señor,
Diciéndole a Dios: «Señor, perdona a este pueblo que se apartó,
Ayúdalos, Señor, para que, la verdad, vuelvan a ver,
Dales entendimiento para que a la santidad puedan volver.
Que todos los que cometen abominaciones se arrepientan,
Y que reconozcan sus errores y se conviertan.»

Mi alegría está en el Señor

Todos los días de mi vida son pocos para alabarte,
Todo mi aliento de vida sería poco para adorarte.
Toda la energía de mi voz sería poca para declararte,
Toda la capacidad de mis ojos sería poca para contemplarte,
Pues el Señor es grandioso y tengo mucho que glorificar.

Tus misericordias en mi vida son grandísimas,
Tu bondad para ayudarme es infinita.
Todos los días de mi vida tengo mucho que agradecer,
El Señor está siempre conmigo, aunque no lo merezca.
¡Oh, Dios Altísimo! Contemplar tu bondad es mi placer.

Tengo la mayor satisfacción del mundo en poder contemplarte,
Estoy maravillado porque me escogiste para contigo morar.
Tu salvación es la mayor porción de alegría en mi alma,
Sabiendo que fui escogido, voy a esperarte con calma.

Toda mi esperanza está en la promesa del Señor,
Un día, Dios dijo que nos llevaría a su gran amor.
Para poder llegar allá, todos sus estatutos voy a obedecer,
Siguiendo sus designios y hasta su gloria resplandecer.

Una súplica a Dios

¡Oh, Dios! Quiero someterme a tu voluntad,
Escribe en mi corazón la Palabra de la verdad.
Háblame, muéstrame el camino que siempre debo seguir,
Dame fuerzas, Padre, para en todo momento resistir.
Que siga solo la verdad, sin desistir.

El camino es arduo, y en ti quiero siempre confiar,
Tu palabra siempre me da fuerzas para acreditar.
¡Oh, Dios! Ayúdame a tener fuerzas para siempre buscarte,
Sostén mi mano para no caer ni desanimarme.
Quiero seguir tu camino y jamás desviarme.

Todos los días, hay cosas que intentan derribarme,
Pueden ser palabras o ideas; todo para retrasarme.
Muchas veces los errores están dentro de tu casa,
Porque hay muchos que huyen de tu santa Palabra.

Ayúdame, Señor, a huir de todo tipo de herejía,
Que yo siempre tenga un gran amor por la Biblia.
¡Oh, Dios! Dame fuerzas para adorar tu nombre,
Que tu Espíritu Santo me muestre la forma de alabarte.
Una adoración pura y sincera para agradarte.

¡Oh, Dios! Gracias por escuchar mi oración,
Lo que escribo es lo que está hablando mi corazón.
Que estas palabras sean escuchadas por el Señor,
Y estaré esperando tu respuesta y favor.
Confío en que el Señor es el único Dios de amor.

La aparición de Cristo

Hace dos mil años, Jesús vino y no fue reconocido,
Sus escogidos no lo vieron como el Cristo.
No aceptaban la forma en que Jesús apareció,
Un hombre pobre y humilde del pueblo Galileo.

Todos esperaban que el Mesías fuera un rey grandioso,
Los israelitas esperaban que Él fuera rico y poderoso.
Los judíos no entendieron por qué Él estaba con el pueblo,
Entonces, los líderes de Israel pensaron que vendría otro.

Los que no creyeron en Jesús estaban engañados,
Dios envió al hijo de un carpintero para salvarlos.
La gran mayoría vio a Jesús, pero no podía creer,
No lo aceptaban, incluso cuando mostraba su poder.

Actualmente, si Jesús apareciera, muchos no creerán,
Pues están acostumbrados al "evangelio de la ostentación".
Creen que Dios solo obra a través de la riqueza,
No logran ver que hay humildad en la divina realeza.

El Señor se muestra como Él quiere,
Dios no necesita probar su gran poder.
Él es el Señor Dios y sabe cómo debe aparecer,
Sus apariciones no son futilidades, son para que puedan creer.

Poder para juzgar

Si las personas tuvieran el poder de juzgar,
En la mayoría de sus decisiones, se iban a equivocar.
Las personas juzgan solo lo que pueden ver,
Las verdaderas intenciones del corazón, no se pueden conocer.

Las personas juzgan según su entendimiento,
Sus decisiones se basan en el sentimiento.
Por más justos que parezcan, aún van a fallar,
Nadie tiene la plena capacidad de juzgar.

Por eso el juez justo es solo el Señor,
Él es el Dios Todopoderoso, el gran legislador.
Todas las cosas son claras delante de su mirar,
Hasta en lo más profundo del corazón, Él puede entrar.

El Señor puede ver cuáles son las verdaderas intenciones,
Dios va a lo profundo para conocer las imaginaciones.
Él sabe el verdadero motivo que hace a alguien errar,
De su justo juicio, nadie podrá escapar.

El Señor juzgará a todos y a cada uno retribuirá,
Él le pagará a cada uno conforme a lo que pudo obrar.
Los que construyeron obras sólidas, serán recompensados,
Y los que hicieron obras de necios, serán descartados.

Nuevo ánimo

Durante mucho tiempo, anduve en la tristeza,
No había nada que pudiera alegrarme.
Parecía que todo era para perturbarme,
Al final, ya no quería ni levantarme.

Estaba entregado a la más profunda depresión,
Solitario y con gran pesar en el corazón.
Aquel parecía ser el fin de mi vida,
No tenía más motivos para tener alegría.

Cierto día, llegó a mí una gran felicidad,
Conocí lo que era tener alegría de verdad.
Pude ver cosas que antes no podía ver,
Pude entender lo que antes no podía comprender.

Entendí que solo Dios puede dar la alegría,
Solo el Señor puede completar mi vida.
De la tristeza más profunda, Dios me sacó,
Un nuevo ánimo en mi vida, inyectó.
Después de mucho tiempo, nuevamente, pude sonreír,
Después de mucha tristeza, la verdadera alegría sentí.

De esta gran alegría, no me quiero alejar,
Al lado del Señor, deseo siempre caminar.
Pues solo Él fue capaz de reanimarme,
Y tan grande felicidad, no se debe despreciar.

El criminal y el desconocido

No conozco otro camino para andar,
Solo lo que creo ser correcto, voy a practicar.
No veo problema en seguir así,
Sé que, tarde o temprano, será mi fin.

Antes de morir, una huella en el mundo voy a dejar,
Haré todo lo posible para que puedan recordar.
Todas las cosas que deseo, intentaré conquistar,
No me importa si una persona será humillada,
Mi marca en este mundo será eternizada.

En medio de una gran acción, fui capturado,
Era conocido por la justicia y pronto fui juzgado.
Enfrentaría la pena de muerte por mi pecado,
A la muerte en una cruz, fui condenado.

Conmigo había un compañero de crimen para padecer,
Había otro hombre que nunca quise conocer.
En el camino de la crucifixión, vi algo diferente,
Aquel hombre era más odiado por su gente.

No entendía por qué querían matarlo,
Parecía inocente, sin motivos para condenarlo.
En el camino de la muerte, mucha gente lloraba y seguía,

Nunca había visto a tantos importándoles una vida.
Sabía que era un día diferente, pero no sabía por qué.
También sabía que todos nosotros íbamos a perecer.

Después de ser clavado en la cruz, algo inusual sucedió,
Aquel desconocido clamaba fuertemente a Dios.
Llamaba a Dios de padre y pedía perdón para los asesinos,
Se mostraba paciente aun siendo afligido.

De aquel hombre, mi compañero comenzó a burlarse,
Pero reconocí su autoridad y comencé a hablarle:
«No hables de este hombre porque él es justo,
Merecemos ser castigados, pues hicimos mal en el mundo,
Y este le ora a Dios pidiendo que todos sean perdonados,
Creo que este hombre no merecía ser condenado.»

Algo en mí despertó y dije: «Acuérdate de mí, Señor,
Cuando entres en tu Reino, acuérdate de este pecador.»
Su respuesta fue la mejor promesa de mi vida,
Él dijo: «Hoy mismo estarás conmigo en el paraíso.»
Esas palabras tocaron profundamente mi espíritu,
Pude entender quién era aquel hombre, Jesucristo.

Durante toda mi vida nunca me importó el Señor,

Aun así, al final de mis días, Dios se interesó.

El Señor me dio la oportunidad de morir al lado de Jesús,

En la última hora de mi vida, vi la salvación predicada en la cruz.

La venida del Buen Pastor

Hace dos mil años, en Belén, se cumplía la Palabra,
Cristo nació y una nueva era se iniciaba.
Se inició lo que fue dicho por los profetas del Señor,
El tiempo de reconciliación de Dios con el pueblo.

Jesús mostró que Dios nunca deja a su pueblo perecer,
Él no deja a ninguno de sus hijos se perder.
Dios envió a su gran pastor para a cada uno buscar,
Cristo vino a la Tierra para a las ovejas escogidas rescatar.

Como un buen pastor, en todos los pastos anduvo,
Todas las ovejas heridas, Jesús las curó.
Algunas estaban tan débiles que no podían caminar,
Jesús las tomó en sus manos y las ayudó a levantar.

Muchas ovejas dispersas oyeron la voz del pastor,
Su voz es suave y agradable, demostrando su amor.
Cuando una oveja la oye, inmediatamente quiere seguir,
Las ovejas saben cuál pastor va a protegerlas y bendecir.

Jesús las protegió a todas y no dejó ninguna se perder,
Él cumplió su misión, venir, rescatar y proteger.
Después de cumplir su misión, a su trono retornó.
Para sus ovejas, el Espíritu Consolador, dejó,
Es el Espíritu Santo que siempre enseña el camino a andar,
El Espíritu da fuerza y esperanza hasta el día en que Jesús volverá.

Sin valor para la sociedad

La sociedad siempre quiere desacreditarte,
Como alguien bajo, quieren colocarte.
Diciendo que tu vida no tiene ningún valor,
Que, si murieras, para ellos, sería como un favor.

Hacen de todo para que quieras desistir,
Siempre diciendo que no debes proseguir.
Todos tus sueños, desean destruir,
Siempre buscan maneras para rebajarte,
Todos tus planes, desean enterrar.

Aunque todo vaya en contra, no te puedes desesperar,
Existe una persona que nunca te va a desacreditar.
Es el Señor, que, en todo momento, te va a valorar.
Por más que te digan que no, el Señor te va a ayudar.

Dios es aquel que no ve tu exterior,
El Señor ve cómo está tu interior.
Él sabe cuál es el más profundo deseo de tu corazón,
Si está en su plan, verás su realización.

Aunque intenten todo para que desistas,
¡No desistas! Cree que el Señor te dará una sonrisa.
Pues para Dios, tu vida es muy importante,
Delante de Él, vales más que un diamante.

Algunos cuestionamientos

¿En qué dios estás depositando tu confianza?
¿En qué altar estás depositando tu esperanza?
¿Depositas tu confianza en lo que puedes comprar?
¿O pones tu esperanza en lo que puedes mirar?

¿Tu firme esperanza está en tu querido dinero?
¿Con él piensas que ganarás el mundo entero?
¿Piensas que toda la felicidad podrás comprar?
¿Piensas que tu gran riqueza te podrá salvar?

¿Tu corazón está inclinado al dios de la negociación?
¿Sirves a un dios esperando una compensación?
¿Haces todo esperando una recompensa inmediata?
¿Ves la religión como una especie de lámpara mágica?

¿Ves la religión solo como una forma de distracción?
¿Crees que, yendo siempre a la iglesia, tendrás plena realización?
¿Crees que, contigo, Dios tiene alguna obligación?
¿Piensas que eres la única persona que merece la salvación?

Si alguna de las respuestas fue sí, estás en pecado,
Con relación al corazón de Dios, el tuyo está, al contrario.
El Señor desea la fe en las cosas que no se pueden ver,
Pero tu fe está solo en las cosas que puedes tener.

Tu fe está basada en el negocio y en el intercambio de favores,
El Señor busca la fe sincera de los verdaderos adoradores.
Solo buscas al Señor por las cosas que te puede dar,
Eres tan ingrato y nunca agradeces cuando Dios viene a ayudar.
Crees que, a tu favor, el Señor debe trabajar.

Siguiendo tu vida actual, ¿crees que Dios te salvará?
¿Piensas que, junto al trono del Señor, habitarás?
Mira en la Biblia lo que recibió quien vivió a tu manera,
Mira la recompensa de los que no buscan a Dios de forma verdadera.
Todos fueron sacados de su presencia para el lugar de la desolación.
Y tú, ¿continuarás viviendo así o cambiarás para alcanzar la salvación?

Presentándome ante el Señor

¿Con qué sacrificio me presentaré ante el Señor?
¿Qué debo dar para que perdone a este pecador?
¿Acaso debo pagar para obtener mi salvación?
¿O el Señor quiere ver el arrepentimiento en mi corazón?

El Señor quiere que yo vea lo que está equivocado.
Dios espera que yo vea cuán grande es mi pecado.
El Señor quiere un arrepentimiento verdadero y real,
Él desea que yo cambie y renuncie a todo mal.

El Señor se alegra cuando ve la verdadera conversión,
Él se alegra cuando me lanzo en sus manos.
Me humillo para mostrarle que soy dependiente,
Me postro a sus pies como siervo obediente.

Un siervo que deja el pasado y sigue la voluntad del Padre,
Un siervo verdadero que confía en el camino de Dios.
Agradezco a Dios por la misericordia recibida,
Alabo al Padre, por saber que Él salvó mi vida.

El camino hacia el avivamiento

Muchos cristianos desean un nuevo tiempo, un avivamiento espiritual,
Claman a Dios por eso, pero se olvidan de lo principal.
No buscan el conocimiento de la Palabra del Señor,
No se profundizan en los mandamientos que Dios dejó.

La lectura de la Palabra de Dios es la base para la transformación,
A través de la Sagrada Escritura, Dios reaviva al pueblo cristiano.
El Señor se alegra cuando su pueblo busca conocimiento,
Él los guardará de todos los males y les dará entendimiento.

Dios capacitará a sus fieles para que prediquen la verdad,
Los enviados de Dios soportarán toda dificultad.
Conocen la verdad de la Escritura y no se van a desviar,
Dios siempre los guiará, no se desanimarán.

Cuando todos vean a los cristianos capacitados,
Entenderán que, por el Señor, han sido bendecidos.
Hasta su mensaje acerca de Dios es diferente,
Es verdadero, vivo y habla poderosamente.

Las personas se darán cuenta de que necesitan cambiar,
Le pedirán perdón a Dios, desearán transformarse.
Desearán conocer el Evangelio y al Señor,
Después del cambio, vivirán el Reino de Dios y su amor.

Vanidad

El maestro un día escribió: todas las cosas son vanidades.
Muchos leyeron esta palabra, pero no creyeron en esta verdad.
Ellos observan la vanidad solamente en acto de embellecerse,
No dan atención a la vanidad que está en todo lugar.
Si no lo ha percibido, lee, para empezar a observar.

Hay vanidad cuando alguien compra algo nuevo para mostrarse,
Ella compra lo que no necesita para que otros le puedan envidiar.
Si ella ve a una persona con algo, ella compra otro mejor,
Ella lo hace apenas para que su hermano se sienta mal e inferior.

La única cosa que otros observan en la persona es su apariencia,
En todos los lugares que ella está, la persona se quiere mostrar,
La persona quiere que todos siempre perciban que ella está allá.
En toda clase de evento o situación, ella debe recibir atención,
Ella necesita ser vista, aumentando el amor propio en el corazón.

Hasta en la casa de Dios, la persona intenta mostrarse,
Ella hace todo en la iglesia y desea la oportunidad de subir en el altar.
El deseo del altar no es para alabar y exaltar el Señor,
La persona desea subir para que vean donde ella puede llegar,
Ella desea que la gente vea y tenga razones para elogiar.

Después de esa rápida lectura, usted notó donde la vanidad está.
Ella existe hasta donde debería ser el sitio para alabar y adorar.
La raíz de la vanidad es el egoísmo que está dominando el corazón,
La gente vive para saciar sus deseos y tener la satisfacción.

La gente que vive en las vanidades nunca se va a saciar,
Ellas desearán todas las cosas y nunca podrán conquistar.
Esa gente está lejos de las palabras del Señor,
Dicen que sirven a Dios, pero su corazón se desvió.
Las palabras dichas por Jesucristo, ellas se deben recordar,
Ellas deben tener en la mente que es mejor servir que exaltarse.

Renuncias

Para seguir al Señor, es preciso renunciar,
Las voluntades pecaminosas, es necesario dejar.
Porque Jesucristo ya lo dijo en la Biblia:
Quien me siga, debe negar su propia vida.

Esa actitud no es algo creado para aprisionar,
La renuncia es una forma de se purificar.
Purificarse es dejar todo lo que es malo,
Y comenzar a andar lejos del pecado.

Lejos del pecado, agradamos al Señor,
Y disfrutamos de su gran amor.
Podremos estar mucho más tranquilos y calmados,
Caminaremos con el Señor a nuestro lado.

En el camino del Señor, un nuevo tiempo se iniciará,
De los pecados del pasado, no vamos a acordar.
Seguimos adelante, y solo a Jesús vamos a mirar.

La viña

El gran labrador planta una viña y de ella cuidará,
En un campo muy fértil, el labrador decidió plantarla.
Todo lo que sea necesario para que crezca, él lo proveerá.
Todos los días, una porción del agua de la vida recibirá,
Él espera que su planta crezca y pueda prosperar.

El tiempo pasa y las plantas crecen de manera espectacular,
Sus ramas y sarmientos son tantos que no se pueden contar.
El labrador contempla el desarrollo de su creación,
Viendo su viña tan linda, se alegra mucho su corazón.

Ha llegado la hora de cosechar el fruto de su viña,
El labrador buscó y, frutos buenos, ella no tenía.
Su viña produjo solamente frutos malos y podridos,
Los frutos eran tan malos, que él deseó su muerte.

El labrador se indignó con la reacción de su vid,
Él hizo todo lo que pudo, pero ella lo dejó triste.
La viña no produjo lo que el labrador esperaba,
Produjo malos frutos, dando motivos para ser arrancada.

La viña de esta historia es la tierra con los humanos,
El labrador es el Señor que entregó mucho en sus manos.
El Señor hace maravillas para que el ser humano crezca,
Y solo le pide buenos frutos, como forma de agradecerle.

Las personas son malas y no producen para el Señor,
Se alejan hacia el mal, dejando triste a su benefactor.
Siguen muchos caminos y se están perdiendo,
El Señor se entristece, pues salieron de su buen terreno.

Cambios en el Evangelio

Los días pasan y el Evangelio se va pervirtiendo,
Hay un nuevo mensaje, pero del principal, se están olvidando.
El nuevo mensaje habla de un cristiano más moderno,
Un cristiano que hace de todo y su error puede ser correcto.

Ese mensaje dice que el nuevo cristiano lo debe tener todo,
Debe ser un guerrero y conquistar el mundo.
Todo lo que existe, la persona lo debe conquistar,
Para eso, basta exigirle a Dios y Él lo dará.

Parece extraño, pero no hay reverencia para pedir,
Basta hablar, decretar, determinar y, de Dios, exigir.
Cada uno es un dios y su deseo debe ser realizado,
Y si no sucede es porque no fue bien pagado.

Así está la iglesia, basta pagar para que Dios bendiga,
Él es un dios que negocia la bendición que concederá.
Un dios que no tiene el mejor plan determinado,
Según el pago, el plan va siendo diseñado.

Misericordia, favor inmerecido y gracia están olvidados,
No hay énfasis en el sacrificio de Jesucristo.
El perdón de los pecados y la vida eterna son secundarios,
Lo más importante es conquistar los bienes temporales.

Siguiendo esa doctrina, la esencia será perdida,
Un día, no se hablará del gran Árbol de la Vida.
Los profetas y apóstoles trabajarán conforme al salario,
No habrá más mención de Jesús, de la cruz, ni del Calvario.
La religión cristiana no tendrá diferencia de otras religiones,
Pues las personas no buscan la verdad, solo ilusiones.

Nuevas doctrinas

La gente hace todo alegando que van a predicar,
Ellos dicen que el nombre de Jesús ellos tienen que proclamar.
No se importan con la manera que van a anunciar,
Ellos no piensan si van a evangelizar o ridiculizar.

Esa predicación a toda costa se desvía de la verdad,
La gente no creyente no ve la evangelización con seriedad.
Parece que el predicador desea su autopromoción,
No se importan si llevan el evangelio a la corrupción.

Ellos mezclan el evangelio con toda clase de abominación,
Introducen cosas del paganismo y dicen ser cristianos.
Los predicadores organizan varias fiestas y muchos eventos,
Muchos están tan perdidos que construyen y aman los monumentos.

Para justificarse, ellos usan unos textos de la Biblia,
Pero los usan incorrectamente, pues están distorsionados.
Cuando alguien cuestiona, dicen que respondo apenas al Señor,
No aceptan que ninguna persona sea su mentor.

Los fieles ignorantes siguen todo con gran naturalidad,
Sin percibir, participan de muchas abominaciones y maldades.
Algunos de ellos saben que cosas erradas están practicando,
No se alejan, pues, no han sido libertados, el pecado les está dominando.

Para parar con esa aberración es preciso regresar a la simplicidad,
Siempre estudiando las escrituras y analizando todas las novedades.
Solamente así será posible predicar de la manera que Cristo enseñó,
Conociendo su Palabra, vamos a saber quién el Señor envió.

El mal camino y el perdón

Los caminos humanos nos llevaron a la perdición,
Perdimos toda alegría y solo vivimos en aflicción.
En medio de la aflicción, recordamos las palabras del Señor,
Estaríamos bien si hubiéramos escuchado lo que nos habló.

Comprendemos que su camino es el mejor,
Aprendimos que no debemos andar solos.
Volvimos al Señor y le pedimos perdón,
Imploramos con la profunda humildad del corazón.

Señor, perdónanos, pues todos somos pecadores,
Anduvimos fuera de tu camino, somos transgresores.
No seguimos lo que el Señor planeó para nosotros,
Fuimos muy rebeldes y preferimos caminar solos.

Hoy sabemos que tu Palabra es la única luz para el camino,
Entendemos que somos muy débiles para seguir solos.
Ten misericordia y recíbenos nuevamente,
Sé piadoso y borra nuestros errores definitivamente.

Si el Señor nos perdona, volveremos a vivir plenamente,
Obedeciendo a sus leyes, viviremos eternamente.
La Palabra del Señor es la clave para llegar a la vida eterna,
El camino de Dios es la clave para una vida plena.

Amados de Dios

Cuando Dios ve la buena obra de su siervo,
El Señor desea tener a la persona siempre cerca.
Con esa persona, el Señor siempre andará,
En todos sus caminos, Dios lo bendecirá.

Hay personas amadas por Dios de forma especial,
Son personas rectas, santas, que se desvían de todo mal.
A estas personas, el Señor desea tenerlas en su morada,
El Señor crea una situación para poder buscarlas.

Los más amados por Dios son arrebatados,
Desaparecen de la tierra y nadie puede encontrarlos.
En la Biblia, hay algunos casos que fueron registrados,
Como Enoc que, del medio de su pueblo, fue tomado.

Otra persona llevada por Dios fue el profeta Elías,
Él pudo ver el fuego del Señor aún en vida.
Elías fue buscado por un carro que vino del Señor,
Para el paraíso, al lado de Dios, un ángel lo transportó.

Así, el Señor busca a algunos de sus hijos amados,
Él busca a aquellos que ya cumplieron lo que fue determinado.
Los que aún no han cumplido su misión, deben esperar,
Por el Gran Día en que, con el Padre amado, se van a encontrar.

Vida incierta

Si mueres hoy, ¿qué sucederá?
¿Tu espíritu será condenado al infierno?
¿O irá al Creador? Donde siempre vivirá.
Esta es una pregunta que se debe hacer.
Porque la vida es incierta y todo puede pasar.

Esta vida es pasajera y todo puede cambiar,
En cualquier momento, algo te puede matar.
En este mundo, nadie tiene ninguna garantía.
Ninguna persona sabe el tiempo que durará su vida.
Puede ser hoy el último día que vivirás,
O puedes tener veinte años más para aprovechar.
Por si acaso, no se puede vacilar.

Para vivir con un poco de tranquilidad,
Es preciso estar firme en la única verdad.
En los caminos del Señor, te debes afirmar.
Pues Dios es el único que te podrá salvar.
Solo su protección ampara nuestro caminar.
Su camino es el único en que se puede confiar.

Caminando con Dios, la vida va a cambiar,
En medio de las incertidumbres, la esperanza nacerá.
La esperanza de un día estar con el Señor,
La esperanza de morar eternamente con el Creador.
Teniendo esta esperanza, conseguirás seguir,
Incluso con incertidumbres, podrás sonreír.

La sonrisa de la fe siempre debe te acompañar,
Por donde vayas, la certeza de la fe debes demostrar.
Así, las demás personas podrán ver,
Ellas verán una esperanza para aferrarse,
Y entenderán que solo Dios puede salvarles.

Un rebaño y los lobos

Todo el rebaño desea ser llevado hacia junto del Creador,
Todos desean ser llevados para junto del Señor.
Las ovejas no quieren caminar solas y esparcidas,
Ellas saben que el rebaño necesita un buen guía.

Sabiendo de esa necesidad del rebaño, los lobos se infiltrarán,
Ellos dirán palabras agradables y en ellos, los rebaños confiarán.
Pobres ovejitas no saben que están siguiendo el mal,
Ninguna de ellas ve que el camino seguido es mortal.

Los lobos llevan el rebaño quitándoselo de la luz del Señor,
Esas sanguijuelas están devorando el pueblo del Creador.
Hacen las ovejas donaren hasta sus últimas hilas de lana,
Los lobos prometen que recibirán grandes bendiciones mañana.

Las ovejas con poco conocimiento creen en todo,
Piensan que su pastor-lobo es el mejor pastor del mundo.
No pueden percibir que están caminando hacia el matadero,
No perciben que comen grama y el pastor lobo, el mejor almuerzo.

Para esas ovejas hay solamente una oportunidad para sobrevivir,
El buen pastor tiene que venir y limpiar a sus ojos.
Un pastor que será enviado por el Señor, un pastor amoroso,
Un pastor que se importa por el rebaño y no les lleva al matadero.

Los sentimientos humanos

El Señor hizo a todos los humanos con igualdad,
Les dio a todos el derecho a la vida y la libertad.
Nadie fue creado con el propósito de humillar,
Dios creó a las personas para que se ayudaran.

Las personas no siguieron el pensamiento del Señor,
Convierten a los pobres en esclavos en sus manos,
Dejándolos en condiciones inhumanas, en gran aflicción.

Otros usan sus fuerzas solo para guerrear,
Sin importarles si van a matar.
Piensan solo en lo que van a conquistar,
No les importa cuántos tendrán que asesinar.

Para que aprendieran el amor, Dios envió al "Maestro",
Jesucristo vino a la Tierra para que viéramos su amor.
Después de su ascensión, Él nos dio al Consolador,
El Espíritu Santo que nos muestra la voluntad del Señor.

El Señor desearía que las personas se respetaran,
Que ya no lucharan entre sí, y se amaran.
Con el amor mutuo no habría odio ni divisiones,
Todos vivirían más felices, con paz en sus corazones.

Buenas críticas

Algunos líderes cristianos no aceptan ser criticados,
Reaccionan violentamente, aun estando equivocados.
Sus errores, los líderes no logran ver,
Piensan que la crítica es para derribarlos.

Ellos no entienden el verdadero significado de la crítica,
Algunos critican porque aman y quieren salvar sus vidas.
Los críticos desean alertar sobre alguno de sus pecados,
El mayor deseo es que el líder cambie y, por Dios, sea perdonado.

La crítica positiva es buena para la iglesia del Señor,
En el tiempo de Cristo, los errores de todos, Él criticó.
Jesús no criticaba para confrontar o condenar,
El Señor mostraba lo que cada uno debería cambiar.

Jesús notó que el pueblo se corrompía,
Él indicaba el error y mostraba cómo salvar las vidas.
Su crítica tenía como objetivo la mejora para el pueblo,
Deseaba que cambiaran y comenzaran de nuevo.

Durante toda la historia de la iglesia, la crítica fue importante,
Cuando los líderes erraban, las críticas eran constantes.
Las críticas ayudaron a mantener a la iglesia alineada,
Después de recibir una crítica, algo cambiaba.

La situación de la crítica debe seguir el mismo patrón,
Criticando cuando alguien sale de su misión.
Quien escucha la crítica podrá arrepentirse y cambiar,
La Verdad de Dios, volverá a enseñar.

Acerca del autor

Rafael Henrique dos Santos Lima

Grado asociado en Administración y M.B.A. en Gestión Estratégica de Proyectos en el Centro Universitario UNA. Cristiano por la gracia de Dios. Amante de la escritura (español, inglés, portugués), poeta y novelista.

Contactos

rafael50001@hotmail.com

rafaelhsts@gmail.com

Blog: escritorrafaellima.blogspot.com

Agradecimiento

Los sitios abajo contienen una gran cantidad de información y conocimientos útiles para la escritura del libro.

Google AI Studio

Google Translator

Google Docs

Language Tool

RAE

Spanish Checker

Agradecimiento especial

Agradezco a Dios. Él me dio la inteligencia para escribir los poemas.